RAPPORT

DE

M. ÉVARISTE COLOMBEL,

SUR LES

NOTES HISTORIQUES ET STATISTIQUES

DE M. CHEVAS,

AU NOM D'UNE COMMISSION COMPOSÉE DE MM. GRÉGOIRE, AUGITAIS
ET ÉV. COLOMBEL.

NANTES,

IMPRIMERIE DE Mme Ve CAMILLE MELLINET.

1853.

RAPPORT

SUR

LES NOTES DE M. CHEVAS,

PAR M. ÉVARISTE COLOMBEL. (1)

————

Sous un titre modeste, M. Chevas, ancien membre de cette Académie, vient d'éditer un ouvrage digne de fixer votre attention.

Déjà, l'an dernier, quand M. Chevas faisait paraître, en feuilletons, dans le petit journal de Paimbœuf, ses recherches sur la commune de Bourgnœuf, je pris la liberté de vous en entretenir. Votre accueil fut sympathique, et fut, sans doute, pour quelque chose dans la détermination qu'a prise l'auteur de coordonner ses notes et d'en faire un volume.

Je vous dirai, d'abord, ce qu'est cet ouvrage ; ensuite, quelles sont les impressions et les propositions de la Commission que vous avez nommée dans votre dernière séance.

————

(1) Lu à la Société Académique de la Loire-Inférieure, au nom d'une Commission composée de MM. Grégoire, Aubinais et Év. Colombel.

RAPPORT

SUR

LES NOTES DE M. CHEVAS,

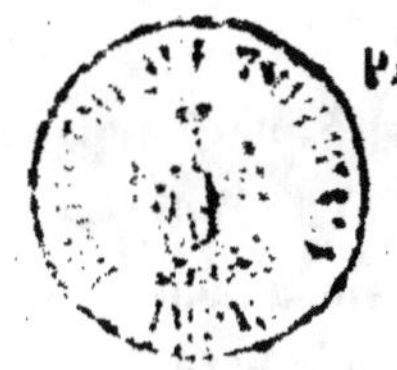Par M. Évariste COLOMBEL. (1)

Sous un titre modeste, M. Chevas, ancien membre de cette Académie, vient d'éditer un ouvrage digne de fixer votre attention.

Déjà, l'an dernier, quand M. Chevas faisait paraître, en feuilletons, dans le petit journal de Paimbœuf, ses recherches sur la commune de Bourgneuf, je pris la liberté de vous en entretenir. Votre accueil fut sympathique, et fut, sans doute, pour quelque chose dans la détermination qu'a prise l'auteur de coordonner ses notes et d'en faire un volume.

Je vous dirai, d'abord, ce qu'est cet ouvrage; ensuite, quelles sont les impressions et les propositions de la Commission que vous avez nommée dans votre dernière séance.

(1) Lu à la Société Académique de la Loire-Inférieure, au nom d'une Commission composée de MM. Grégoire, Aubinais et Év. Colombel.

Le livre de M. Chevas est intitulé :

« *Notes historiques et statistiques sur les communes du département de la Loire-Inférieure.* »

Le premier volume de cette gigantesque entreprise renferme le canton de Bourgneuf, composé des communes de Bourgneuf, chef-lieu; Chéméré, Saint-Hilaire-de-Chaléons, Fresnay et les Moutiers.

Il y a, dans notre département, quarante-cinq cantons : mettez, en moyenne, un volume pour chaque canton, et vous avez quarante-cinq volumes. J'avais raison de dire que c'est là une entreprise gigantesque. Les amis de M. Chevas croient qu'il est en mesure d'y suffire.

Si l'œuvre est gigantesque, est-elle utile ?

Il ne me suffit pas, assurément, de trancher cette question par une affirmation personnelle. Je dois prouver l'utilité de l'ouvrage, et, vraiment, j'en suis fort embarrassé; car il n'y a, à mon sens, qu'un seul moyen de faire cette preuve, c'est de lire le livre.

Il y a des œuvres qui sont peu susceptibles d'analyse, et vous comprenez, dès ici, que la production dont je vous entretiens est de ce nombre. Je vais pourtant essayer.

Des cinq communes du canton de Bourgneuf, je prends, comme spécimen et comme terrain de mon analyse, la commune des Moutiers. C'est la plus petite, une des plus obscures. Heureuses les communes qui n'ont pas d'histoire ! Eh bien ! malgré cette obscurité, cet effacement historique, vous allez voir ce qu'un esprit tenace peut tirer des vieilles archives.

M. Chevas commence par donner le nom et par chercher son étymologie.

« Saint-Pierre du bourg des Moutiers. — *Sanctus petrus bur-*
» *gistrium monasterium.* — Prigny (section de cette commune),
» *Pruigné, prugniaco, pruniaco, prugneau;* révolutionnai-
» rement : *les Champs libres.* » — Voilà le nom.

Vient l'étymologie; laissons parler l'auteur :

« Le nom de bourg des Moutiers vient, c'est du moins notre
« opinion, de trois prieurés de l'ordre de saint Benoist, qui
« existaient dans cette paroisse, et notre opinion se justifie par
« le passage suivant d'une ancienne Charte : *Sic dicti propter*
« *trie prioratura ordini sancti benedicti in eadem parochiâ*
« *existenti.* »

Arrive une note détaillée sur ces trois prieurés.

Quand ce premier pas est fait, M. Chevas cherche l'histoire
de ce bourg, perdu au fond de la baie de Bourgneuf.

M. Chevas a une méthode à lui : cette méthode consiste à
rejeter tout ce qui est tradition, tout ce qui est version anté-
rieure. Il n'admet que ce qu'il a vu. Pour aventurer un fait ou
une date, et c'est, après tout, l'histoire, il lui faut un acte.
Mais il y a une légende; c'est bien ! montrez-nous l'acte.
Avec cette méthode, l'histoire perd beaucoup en poésie, en
mouvement, en expression ; elle gagne en exactitude. L'histoire
n'est pas un poème ; c'est un inventaire en raccourci; tant pis
pour ceux qui en font un pamphlet !

Or, en 1008, M. Chevas trouve une Charte ; c'est l'acte de
fondation du prieuré des Moutiers. C'est bon, dit M. Chevas,
voilà mon point de départ, et il analyse l'acte, qui est curieux;
car Judel et Adenora, les fondateurs, donnent le petit prieuré,
leur fondation, à Notre-Dame-du-Ronceray d'Angers, monastère
important, où se trouve leur fille, Adenorette.

Quarante-six ans s'écoulent ; M. Chevas trouve un nouveau titre
et le mentionne : c'est la confirmation de l'érection du prieuré
de Prigny, par Quiriac, évêque.

De 1008 jusqu'en 1852, M. Chevas marche de la sorte, de
titre en titre, de date en date; commentant le titre, quand il
est ambigu ; éclairant la date, quand elle est obscure, toujours
bref, précis, limpide.....

Savez-vous combien cette modeste bourgade, *les Moutiers*, refoulée dans ses dunes et chaque jour menacée d'être engloutie, a fourni de titres authentiques à l'historien laborieux ? — M. Chevas analyse 179 titres ! — Quel travail ! quels détails ! quelles variétés ! — Mais aussi vous devez comprendre quelles difficultés pour analyser consciencieusement, devant vous, ce qui n'est qu'une perpétuelle analyse !

Souvent, très-souvent, ce n'est que l'histoire locale, la plus modeste des histoires ; et elle n'est pas sans intérêt : c'est une fondation pieuse ; puis un procès ; vient le seigneur ; guerre entre l'abbé et le seigneur ; l'évêque survient ; le roi parfois s'en mêle ; le seigneur se révolte. — C'est là la première période ; c'est le droit commun de toutes les communes qui commencent ; c'est le vrai fond de l'histoire de France ; mais le pouvoir royal se développe ; l'officier du roi apparaît ; les municipalités se relèvent ; les parlements évoquent : car, en France, ce n'est que guerre et procès ; c'est toujours le sang romain et le sang gaulois mêlés ensemble ; l'épée et l'écritoire ; nos doubles aïeux se battaient et plaidaient. La réflexion n'est pas dans M. Chevas ; mais le fait y est. Ce livre a un mérite, il fait penser.

Quelquefois vous avez, en lisant cette nomenclature, une vue, une échappée sur la grande histoire. Les noms populaires de la France y apparaissent. C'est Anne de Bretagne, une reine dont la France a conservé le nom, et qui a mieux valu que les princesses venues des hautes banques d'Italie ou des cours d'Autriche ; c'est le duc de Mercœur, une des mains de l'ambition dans la ligue ; c'est le populaire Béarnais ; c'est cette famille Joubert, dite du Collet, qui défendit Noirmoutiers contre les Hollandais du comte de Horn. La petite commune touche, par-ci, par-là, aux plus grands souvenirs du pays. Au surplus, nous avons une grande estime pour l'histoire locale, quand elle est bien faite, ce qui est rare. L'histoire locale est, à vrai dire, l'histoire féodale et l'histoire municipale. Or, la féodalité et les municipalités sont les deux forces françaises qui ont long-temps tenu en échec la royauté. La royauté a eu ses historiens; cela devait être. Mais les éléments féodaux et municipaux atten-dent leurs annalistes. Augustin Thierry n'a fait, à notre sens, que des études incomplètes, quoique très-curieuses par leur initia-tive et par certains points de vue d'opposition bourgeoise. Le travail de M. Chevas aiderait beaucoup à comprendre le rôle municipal dans les contrées du Poitou et de la Bretagne.

Du reste, M. Chevas ne s'en tient point à ces détails exter-nes : droit féodal, usages, coutumes, redevances, juridictions, tout lui passe par les mains, et il connaît tout. Il a des clar-tés inouïes pour les ténèbres de cette vieille féodalité ; en com-pulsant des Chartes, M. Chevas est devenu feudiste, ce qui n'est pas un mince éloge, et il a des aperçus que ne désavoue-rait pas Hervé et que signerait Merlin. Les tenures féodales sont fidèlement analysées. C'est l'histoire si importante de la terre à côté de l'histoire de l'homme. Le progrès des afféagements, ces précurseurs de 89, est parfaitement indiqué. Le XVIIIe est le siècle des aliénations, car c'est le siècle de la noblesse rui-née par le roi, et qui va être détrônée par la bourgeoisie. L'au-teur le dit très-bien : *1789 n'a fait que précipiter le mouve-ment qui conduisait à la transmission des terres nobles aux mains roturières de la bourgeoisie.*

Ce mouvement de 89 est impartialement exposé par l'écri-vain. 93 fournit deux notes au bourg des Moutiers. « A l'attaque « du bourg des Moutiers, le 26 mars 1793, Charette préserve « de la brutalité de ses soldats une nouvelle mariée, encore « vêtue de ses habits de noces, et dont le mari venait d'être « tué... — Une pièce officielle contient l'interrogatoire d'une « femme de la campagne, qui montre la situation affreuse du « pays ; cette femme déclare avoir été outragée d'une manière

» aussi lâche qu'horrible par un détachement de volontaires ré-
» publicains, et volée de deux bœufs et de onze septiers de blé
» par les soldats royalistes. »

Crimes des deux côtés ! Excès déplorables ! (1) Mais l'idée, qui est de Dieu, n'est point responsable du fait, qui est de l'homme. Le vin répond-il de l'ivresse ? L'idée monarchique ne répond pas plus de la dragonnade que l'idée démocratique ne répond du couperet. C'est, en vérité, un triste argument que de doubler l'erreur d'un crime pour mieux la combattre ! — Isolons, isolons toujours le monde des pensées du monde des hasards, et discutons comme si tous les partis avaient les mains pures. M. Chevas ne discute pas, lui ; mais c'est de cette façon impartiale qu'il narre ce qu'il a compulsé.

La seconde partie du travail de M. Chevas est la partie statistique.

On a tant abusé de la statistique, depuis quelques années, que vous en connaissez les avantages et les inconvénients. Une statistique sans conclusion est une colonne de chiffres sans addition ; c'est une fable peu amusante sans moralité. On s'égare avec les statistiques, et je n'en veux qu'un exemple, qui va vous sembler un paradoxe : on affirme que les départements les plus moraux ne sont pas ceux où il se commet le moins de viols et d'assassinats. Est-ce que la statistique aborde ces questions-là ?

Mais nous voilà bien loin du livre de M. Chevas, qui, fidèle à son plan, qu'il a voulu modeste, n'aborde aucune théorie et ne soutient aucune discussion.

M. Chevas vous dira la géographie des Moutiers, sa géologie,

---

(1)   » Les révolutions sont des champs de bataille ;
         » Chaque parti s'y fait d'horribles représailles... »

                                        (LAMARTINE.)

son aérographie, son hydrographie, sa botanique, sa population, ses coutumes, ses traditions, son administration communale, judiciaire, ecclésiastique, son agriculture, son commerce, son industrie, ses voies de communications, ses monuments, ses antiquités, ses historiens toujours inexacts, les querelles de MM. Richer et Athenas, sur la butte de Prigny, *Nugæ difficiles*, sa Lanterne-des-Morts, les combats actuels du chef-lieu déshérité avec l'envahissante Bernerie... Que voulez-vous de plus? Si Hérodote avait fait, pour une bourgade de l'Attique, ce que M. Chevas fait pour la bourgade des Moutiers, quels cris de joie! Et imaginez-vous un antiquaire déterrant un manuscrit semblable! Quelle allégresse dans le camp des savants! Et si, comme M. Chevas, Hérodote avait eu soin d'y mettre des dates, que de doctes dissertations chronologiques nous aurions évitées; ce qui n'eût pas été un mince avantage.

J'ai dit que M. Chevas tenait peu de compte de la légende ou de la tradition. Cela mérite une courte explication. Dans sa partie historique, M. Chevas use à propos, selon nous, dans le cadre qu'il s'est fait, d'une grande sévérité. Il exile de son récit tout ce qui n'est pas bien prouvé. La déplorable méthode de Quinte-Curce n'est pas son affaire. Mais quand M. Chevas en a fini avec son triage de vieux actes, quand il aborde, en causeur, le chapitre des antiquités et des coutumes, il accueille la tradition; — et son histoire de la charpente de l'église des Moutiers est fort jolie.

Comme curiosité naturelle, M. Chevas cite, sur la côte de la Bernerie, un rocher qui retrace, avec un peu de bonne volonté, le profil du faible et malheureux Louis XVI.

Les archéologues trouveront sur la petite tourelle du cimetière des Moutiers, — monument espiatoire, — une description à fond de train qui n'est pas sans mérite. — En passant, M.

Chevas se baisse pour ramasser un peulven myerescopique; il a même flairé une tuile romaine!... (1)

En deux mots, Messieurs, voulez-vous la pensée de votre commission, car aussi bien je me perdrais dans des analyses impossibles? — Votre commission est entièrement convaincue qu'un département qui posséderait un travail semblable à celui qui nous occupe, sur chacune de ces communes, serait, par cela seul, un département avantagé et bien doté. Faire ce qu'a fait M. Chevas, c'est dresser un récollement général de toutes les richesses d'un pays.

Avec un livre semblable, le maire et le curé connaissent leur commune; le juge-de-paix connaît son canton; le sous-préfet son arrondissement; le préfet son département; l'évêque son diocèse; le ministre connaîtrait la France! Combien de temps dira-t-on encore: *Ah! si le roi savait!...* (2)

Cette œuvre mérite donc des encouragements, des encouragements considérables: un individu peut concevoir un travail aussi important; son intelligence peut le réaliser dans le cabinet; mais pour le livrer à la publicité, il faut des sacrifices que nos fortunes actuelles ne comportent plus. C'est ce qui a frappé votre commission. Vous n'avez pas besoin, Messieurs, que j'entre dans des détails.

Nous avons donc résolu de vous dire de prendre ce travail sous

---

(1) *Flairé une tuile romaine!...* On pourrait croire que votre Commission dédaigne les travaux archéologiques. Ce serait une erreur, sans doute. Quant au rapporteur, il dit et croit, comme un grand écrivain moderne, que l'archéologie est à la vie sociale ce que l'anatomie comparée est à la vie physique.

(2) Chaque budget municipal est soigneusement analysé dans ses ressources, ses dépenses, ses centimes additionnels, *cette plaie toujours croissante !*

votre patronage. Marquez en ceci votre initiative. C'est par l'initiative que les Sociétés Académiques témoignent dans leur époque et dans leur sphère ; c'est ainsi qu'elles démontrent leur existence et leur utilité ; c'est ainsi qu'elles répondent aux railleurs et qu'elles se vengent des quolibets et des bons mots faciles. Nous l'avons déjà dit dans cette enceinte, *dans ce siècle de houille et d'agiotage* (1), le rôle des lettres est déjà très-petit, fort humble. Eh bien ! chaque fois que l'occasion s'en présentera, il faut relever cette situation et lui restituer ses avantages. On ne vit pas seulement de pain, et, sans mépriser les conquêtes industrielles, il faut tenir compte des conquêtes intellectuelles. Vous êtes, Messieurs, le seul centre littéraire de ce département. L'administration, le commerce, l'industrie ont leurs agents, leurs directeurs, leurs soutiens; les lettres n'ont que vous. Vous ne manquerez pas aux lettres. Hélas! elles ont grand besoin d'avoir des protecteurs et des mécènes intelligents, ces pauvres muses! Muses, dira-t-on, à l'endroit des Notes de M. Chetas? Eh, oui! n'est-ce pas de Clio qu'on a dit :

« *Clio gesta canens transactis tempora reddit.*   (Ausone.)

Restent les moyens de votre patronage, le *modus faciendi :* votre Commission n'a pas cru qu'il fût dans sa compétence de trancher cette question, qui semble devoir être soumise au comité central, gardien de vos finances et tuteur de votre direction. Il suffira à nos désirs que vous preniez en considération notre proposition d'encouragement : notre ambition ne va pas au-delà.

S'il nous fallait indiquer un mode, un moyen, une réalisation, nous vous dirions que diverses voies s'ouvrent devant vous.

Vous avez la voie des recommandations. Recommandez l'œuvre aux conseils électifs de ce département; votre suffrage

---

(1) Notre compte-rendu de 1815, comme secrétaire général.

entraînera le leur : on n'a jamais vainement frappé aux portes du Conseil municipal de Nantes, ni à celles du Conseil général de ce département.

M. le Préfet écoutera tout ce qui viendra de vous. Il sait, ou saura que tous ses prédécesseurs ont tenu à honneur d'être des vôtres. Il vous appuiera de sa légitime influence auprès des représentants des quarante-cinq cantons du département. Il peut davantage ; il peut faire savoir au Ministre de l'intérieur l'importance de l'œuvre que vous aurez en quelque sorte adoptée. (1)

Voilà, Messieurs, ce que vous pourrez faire. Vous saurez choisir le moyen le plus efficace ; c'est votre mission plus que la nôtre. La nôtre consistait à vous signaler le mérite modeste, sans fracas, sans réclames, sans charlatanisme, des *Notes sur le canton de Bourgneuf*. Si votre Commission n'y a pas réussi, ce sera sûrement la faute de son rapporteur.

Év. COLOMBEL.

---

(1) Nous ne pouvons douter du bon vouloir du Ministre de l'intérieur. Il a organisé les Commissions de statistique, et pas une lui donnera ce que peut lui donner M. J. Chevas. D'un autre côté, le *Moniteur* nous apprenait, l'autre jour, tout l'intérêt qu'on attache aux vieux titres ; on tient d'en sauver de très-précieux enfouis dans les magasins de la guerre et transformés en gargousses. Il se rencontre que le plus poétique de nos historiens a dit vrai, quand il s'est écrié : « De précieux manuscrits « furent vendus à la livre aux épiciers (1793). D'autres, envoyés à Metz, » servirent à faire des gargousses... — On chargea nos canons avec « notre vieille gloire : tous les coups portèrent... »

(CHATEAUBRIAND.)

Dans la séance extraordinaire du 19 octobre 1853, la Société Académique de Nantes, d'après le rapport de M. Év. Colombel, a accordé son patronage au savant et consciencieux ouvrage intitulé : « *Notes historiques et statistiques sur les Communes de la Loire-Inférieure, par M. Chevas;* » elle a laissé au Comité central le soin de chercher les voies et moyens les plus efficaces pour témoigner de l'intérêt qu'elle porte à l'œuvre de M. Chevas. — Le Comité central, dans sa séance du 24 octobre 1853, a pris les mesures suivantes :

1° M. le Président est chargé d'écrire, au nom de la Société, pour recommander le livre de M. Chevas à LL. EE. les Ministres de l'instruction publique, de l'intérieur, de l'agriculture et du commerce ; à M. le Préfet ; à M. le Président du Conseil général ;

2° Si le Comité de rédaction, consulté à bref délai, admet dans les *Annales* le rapport de M. Év. Colombel, il en sera fait immédiatement, aux frais de la Société, un tirage à part à trois cents exemplaires, que la Société se réserve le soin de distribuer d'une manière utile à l'œuvre qu'elle adopte.

Dans sa séance du 28 octobre, le Comité de rédaction ayant voté, à l'unanimité, l'impression du rapport de M. Év. Colombel, la décision prise par le Comité central, sur la proposition de M. Ch.-L. Livet, relativement au tirage à part immédiat de ce rapport, a pu être ainsi aussitôt exécutée.

Le Secrétaire général de la Société Académique,

Ch.-L. LIVET.

Nantes, le 2 novembre 1853.

Nantes, imprimerie de M⁰ᵉ Vᵉ C. Mellinet, place du Pilori, 5. — 1,111.